TRAITÉ DES PARTICIPES

OU

RÉFORME DES RÈGLES DES PARTICIPES

Par l'Abbé **MALLET DUFRESNE**,

Curé-Desservant de Saisseval.

OUVRAGE DÉDIÉ A L'ACADÉMIE D'AMIENS,

Utile aux Instituteurs, aux Pères de Famille, aux Enfants.

Le Participe ne doit point s'accorder avec son régime.

Prix : 30 c.

A PARIS,

Chez HACHETTE ET Cie., rue Pierre-Sarrasin, 12.

A AMIENS,

CHEZ LES PRINCIPAUX LIBRAIRES.

1851.

TRAITÉ
DES PARTICIPES

OU

RÉFORME DES RÈGLES DES PARTICIPES

Par l'Abbé **MALLET DUFRESNE**,

Curé-Desservant de Saisseval.

OUVRAGE DÉDIÉ A L'ACADÉMIE D'AMIENS.

Utile aux Instituteurs, aux Pères de Famille, aux Enfants.

Le Participe ne doit point s'accorder avec son régime.

Prix : 30 c.

A PARIS,

Chez HACHETTE ET Cie., rue Pierre-Sarrasin, 12.

A AMIENS,

CHEZ LES PRINCIPAUX LIBRAIRES.

1851.

PRÉFACE.

La langue française est une des plus belles langues qui existent. Elle est peut-être celle qui s'exprime avec plus de précision : aussi est-elle la langue du monde civilisé. Cependant nous sommes étonné qu'on ait laissé subsister une règle aussi fausse que celle-ci : « Le participe doit s'accorder avec son régime. » Et cette autre : « Quand le participe est précédé de son régime, » vous le ferez accorder ; et quand il en est suivi, vous » ne le ferez pas accorder. » Et cela, sans égard s'il est actif ou passif. Que peut-il sortir de tels principes, si ce n'est les disputes, les différentes opinions, les difficultés, les inconséquences et les absurdités que nous voyons ? Car, lisez une dizaine de grammaires différentes, et vous verrez que nous ne disons pas trop.

Nous osons proposer la rectification de cette partie essentielle de notre langue ; nous la soumettons à l'attention des hommes sérieux.

Voici notre principe : *Le participe exprime-t-il l'état ?* accord. *Exprime-t-il l'action ?* point d'accord.

DÉDICACE.

A l'Académie d'Amiens.

A l'Enfance.

Au Bon Sens.

A la Postérité.

TRAITE

DES PARTICIPES.

DU PARTICIPE.

Le *Participe* est un mot qui tient et *participe* de la nature du verbe et de celle de l'adjectif, comme *aimant*, *aimé;* il tient du verbe lorsqu'il exprime l'action, *aimant Dieu*, *nous avons aimé Dieu.* Il tient aussi de l'adjectif quand il exprime la qualité, l'état: *les Saints triomphants*, *la vertu sera récompensée.* Alors il est appelé participe-adjectif.

Il y a deux sortes de participes, le participe *présent*, et le participe *passé.*

1. — DU PARTICIPE PRÉSENT.

Aimant, Finissant, Recevant, Rendant.

1re. Règle. Le participe *présent* marque une action transitoire, et il est invariable.

EXEMPLES:

Une femme lisant, des femmes lisant.
Les jeunes gens se forment l'esprit en lisant de bons livres.

2e. Règle. Lorsque le participe présent marque un état habituel, une qualité, il devient *adjectif verbal*, et il varie comme l'adjectif.

EXEMPLES:

Une femme obligeante.
Des tableaux parlants.

TABLEAU COMPARATIF.

PARTICIPES PRÉSENTS.	ADJECTIFS VERBAUX.
C'est une personne obligeant tout le monde.	C'est une personne obligeante.
Une nouvelle affligeant la famille.	Une nouvelle affligeante pour la famille.
De l'eau bouillant sur le feu.	De l'eau bouillante.
Une action tendant à nuire.	Cette affaire est pendante à la cour.

L'usage et le bon sens en apprendront assez sur ce sujet.

II. — DU PARTICIPE PASSÉ.

Aimé, Fini, Reçu, Rendu.

Le participe *passé* participant de la nature du verbe et de celle de l'adjectif, est tantôt *verbe* ou *actif*, et tantôt *adjectif* ou *passif*.

Passif il varie, actif il est invariable.

1°. PARTICIPE PASSÉ PASSIF.

Le participe passé est *passif*, et par conséquent il s'accorde avec le nom ou pronom qu'il qualifie,

1°. Quand il est sans auxiliaire.

EXEMPLES :

Que de scandales évités! Que de maux réparés!

2°. Quand il est accompagné du verbe auxiliaire *être*.

EXEMPLES :

La vertu est éprouvée, elle sera récompensée.

3°. Quand il est accompagné du verbe *avoir* signifiant *posséder*.

EXEMPLES :

Les livres que j'ai là haut rangés dans ma bibliothèque.
La lettre que j'ai écrite, c.-à-d., que je *possède écrite* (*).

(*) Mais, dites-vous, on ne veut jamais dire : *la lettre que je possède écrite*; — donc écrivez : *la lettre que j'ai écrit*.

2°. PARTICIPE PASSÉ ACTIF.

1re. Règle. Le participe passé conjugué avec l'*auxiliaire avoir* est *actif*, et il ne s'accorde pas avec son sujet.

EXEMPLES :

Mon père a écrit, ma mère a écrit,
Mes frères ont écrit, mes sœurs ont écrit.

2e. Règle. **Le participe passé conjugué avec l'auxiliaire avoir,** ou avec *être* mis pour *avoir*, **ne s'accorde pas non plus avec** *son* **régime ou complément direct,** soit que ce régime suive le participe (1), soit qu'il le précède (2);

Parce que s'il a un régime direct, il est actif, et s'il est actif, il ne doit point s'accorder, ce qui est irréfutable.

EXEMPLES :

(1) J'ai écrit une lettre.
(2) La lettre que j'ai écrit, c.-à-dire que j'ai fait l'action d'écrire.
La porte que j'ai ouvert s'est refermé.
Qui m'a fait son esclave et de qui suis-je née? (Crébillon.)
Sur ce portail j'aurais ces mots écrit. (Lafontaine.)
Tantôt à son aspect je l'ai vu s'émouvoir. (Athalie.)
Combien d'ennemis n'a-t-il pas vaincu?
Quand la race de Caïn se fut multiplié.
La femme... la romance que j'ai entendu chanter.
La maison que j'ai cru que vous aviez acheté.
Les peines, les sommes que cette entreprise a coûté, valu...
Les chaleurs qu'il a fait, que Dieu, les éléments ont fait.
Des pleurs, hélas! j'en ai beaucoup versé.

Ainsi du participe passé suivi d'un infinitif, du participe entre deux *que*, des verbes intransitifs, réfléchis, impersonnels, des participes *fait*, *laissé*, *coûté*, *valu*, *pesé*; du participe précédé de *le peu*, *en*, etc.

De là cette Règle générale : *Le participe soit présent, soit passé :*

1°. *Est invariable*, lorsqu'il est *participe actif*, qu'il marque l'*action*.

EXEMPLES.

Des hommes lisant. J'ai écrit une lettre.
La lettre que j'ai écrit. Elles se sont estimé.

2°. *Et il varie*, quand il est *participe-adjectif*, qu'il marque l'*état*.

EXEMPLES.

Une femme obligeante. Une pomme gâtée.
Ma sœur est tombée.

En deux mots : *Exprimez-vous l'action?* Point d'accord. — *Exprimez-vous l'état?* accord.

En ce peu de mots sont renfermées toutes les règles des participes, ou plutôt, *plus de règles de participes*, si ce n'est l'accord de l'adjectif avec le substantif.

Quelle simplicité en place de tant de complication !

Que de difficultés aplanies pour nos pauvres enfants, et pour les étrangers !

DÉMONSTRATION.

Le participe passé est indifférent à être actif ou passif.

Le verbe *avoir* est employé de deux manières; comme *verbe actif*, signifiant *posséder*, et comme *verbe auxiliaire.*

Le participe passé, avec *avoir*, signifiant *posséder*, est *passif.*

Le participe passé, avec *avoir auxiliaire*, est *actif.*

Cette phrase : *J'ai écrit une lettre*, prise *passivement*, signifie : *je possède écrite une lettre ;* et, prise *activement*, elle signifie : *je, ai écrit une lettre*, j'ai fait l'action d'écrire une lettre; l'action *d'avoir* tombe sur *l'action d'écrire* une lettre, et non sur *l'état* d'une lettre écrite.

Le participe passé *passif* s'accorde avec le nom ou pronom qu'il qualifie.

Le participe passé *actif* ne s'accorde, 1°. ni avec son sujet; 2°. ni avec son régime.

1°. *Le participe passé actif ne s'accorde pas avec son sujet.* Exemple : *Nous avons aimé.*

S'il devait s'accorder avec quelque chose, ce devrait être plutôt avec son sujet, comme dans les autres temps actifs, *nous aimons, vous aimez.* Mais il est admis de ne pas le faire accorder avec le sujet. On doit encore moins le faire accorder avec le régime.

2°. *Le participe passé, conjugué avec l'auxiliaire* avoir, *ou avec* être *mis pour* avoir, *ne doit point s'accorder avec son régime.*

Ceci est évident; car s'il a un régime, c'est qu'il est actif, et s'il est actif, il ne doit point s'accorder. Tout le monde en convient.

Parce que le participe est pris d'une manière active et neutre.

Parce que ce serait une absurdité de faire accorder le participe avec son régime; lequel des deux serait alors régime ? Il y a même contradiction dans les mots.

Parce qu'en faisant accorder le participe avec son régime, il deviendrait adjectif; *il ne régirait plus, mais il serait régi.*

L'erreur de nos grammairiens vient de ce qu'ils regardent le participe comme actif, et qu'ils le font accorder comme passif.

Quel oubli des premiers éléments de la grammaire !

Constant Letellier, Noël et Chapsal, analysent : *Les pommes qu'il a mangées; a mangées,* verbe actif, passé indéfini, troisième personne du singulier, au pluriel. Sans doute qu'ils diront : la pomme qu'ils *ont mangée*, troisième personne du pluriel, au singulier, du masculin au féminin ! ! !

Quel composé monstrueux et disparate !

Au lieu qu'avec le participe invariable, cette monstruosité n'existe pas.

Donc, le participe doit être pris d'une manière active et invariable.

Le sanscrit, le syriaque, l'hébreu, le grec, le latin dans ses verbes déponents, l'espagnol, admettent l'activité du participe passé ; l'italien y tend aussi.

Elle est donc vraie, cette *proposition* que nous avons exposé au milieu de la ville d'Amiens : *Le participe ne doit point s'accorder avec son régime.*

En effet, on ne doit point le faire accorder quand il est pris *activement*, tout le monde en convient, et s'il est pris *passivement*, on ne peut pas dire qu'il s'accorde avec son régime direct, puisqu'alors il n'a plus de régime direct.

Elle est donc fausse cet règle : *Le participe passé s'accorde avec son régime, ou complément direct, quand ce régime précède le participe.*

Origine de nos temps composés.

Dans la formation des langues, le verbe a dû exprimer le présent, le passé et le futur ; ainsi, pour le français, on a dit : *J'aime, j'ai aimé, j'aimerai Dieu*; et *j'ai aimé* a dû exprimer l'action au passé, comme *j'aime* l'exprime au présent.

Les anciens exprimaient les temps d'un seul mot : *amavi*, *amaveram*, *péphiléka*, *épéphilékein*; mais dans les langues modernes, au lieu de ces terminaisons difficiles, on trouvera plus commode de se servir d'auxiliaires, et au lieu d'un seul mot, on dit, pour exprimer ces temps : *j'ai aimé*, j'avais aimé, en anglais : 1 *have loved*, 1 *had loved*. (V. Blair, p. 178.) Mais c'est aussi comme dans les langues anciennes, pour exprimer l'action de *amavi Deum*, *péphiléka Théon*. Ces mots, dans nos *verbes actifs*, ne signifient pas : *je possède aimé*, mais : *j'ai fait l'action d'aimer*. Les grammairiens ajoutent *ayant* et non *étant* au participe passé de l'infinitif actif, pour exprimer l'action, comme les grecs et les latins : *poiésas*, *ayant fait*; *imitatus*, *ayant imité*.

Signification active du participe passé conjugué avec AVOIR.

Cette phrase : *J'ai reçu une lettre*, signifie donc : *J'ai fait l'action de recevoir une lettre*, non pas : *je possède reçue une lettre*, *habeo receptam*; mais : *je, ai reçu une lettre*, *recepi*. L'action de *j'ai* tombe sur l'acte de recevoir, et non sur l'état d'une lettre reçue. J'ai quoi ? reçu ; reçu quoi ? une lettre, et non pas, j'ai quoi ? une lettre reçue.

La lettre que j'ai reçu, a le même sens.

Comment les passivistes ne voient-ils pas l'activité du participe passé !

Le participe passé est *actif* avec le verbe *avoir*, disent Dumarsais et Condillac, comme marquant l'action à titre de substantif dérivé d'un verbe, sous ce point de vue, il garde le régime direct de ce verbe, à l'exemple des substantifs latins, qui le gardaient avant le siècle d'Auguste.

Duclos et Beauzée ont reconnu l'activité du participe passé, comme ceux-là ; seulement qu'ils le nommaient improprement *supin*; tandis que ceux-là le nommaient *substantif*, que Bernard Julien le nomme *infinitif au passé*, et que nous le nommons *participe passé actif*.

Ce qui est bien plus naturel et qui exprime bien mieux notre intention, que l'interprétation passive qui change la signification, et à laquelle on est obligé d'ajouter : *par moi*, pour savoir par qui la lettre a été reçue ou l'action faite. (V. la note A, page 21.)

D'où a pu venir l'orthographe en usage?

De ce qu'on a confondu le participe *actif* avec le participe *passif*.

FAUSSES RAISONS DES GRAMMAIRIENS

Pour appuyer l'accord du participe précédé de son régime.

I.

Noël et Chapsal disent qu'il y a accord, parce que le régime précède le participe. Ce qui n'est pas une raison.

II.

Vanier, dans sa Clef des participes, dit que l'usage le veut ainsi.

Mais s'il y a faute, irrégularité, contradiction, signification changée, absurdité?

III.

M. Guerrier de Haupt, cite, page 106, *la porte qu'ils ont ouverte;* ce qui ne signifie pas qu'ils ont ouvert une porte, mais qu'ils ont une porte qui est ouverte. *Il m'a droit dans ma chambre une boîte jetée,* ce qui ne signifie pas : Il m'a jeté une boîte droit dans ma chambre, mais : Il a à moi, ou il a une boîte qui a été jetée à moi droit dans ma chambre. — Quel galimatias ! j'adjure tous les grammairiens de dire si cette phrase ne signifie pas cela.

M. Guerrier dit, pour justifier sa règle : « Si le participe est » précédé de son régime direct, il s'accorde avec son régime, » parce qu'il en marque l'état, en même temps qu'il exprime » l'action du sujet. »

— Autre erreur, il ne peut être actif et passif en même temps, pas même actif par rapport au sujet, et passif par rapport au régime. S'il est actif, il n'est pas passif, s'il marque l'état, il ne peut exprimer l'action. C'est le verbe *avoir* et non le participe qui, dans ce cas, exprimerait l'action.

Ainsi, M. Guerrier de Haupt renchérit encore sur les autres. D'après lui, le participe peut être en même temps actif, passif, singulier, pluriel, masculin, féminin ! ! !

IV.

Dans les **verbes pronominaux**, dit Letellier, le participe s'accorde avec le sujet; non, disent les autres, c'est avec le régime.

R. Il ne s'agit point ici de suivre l'opinion des grammairiens ni la mienne, mais la raison; or, raisonnons.

Cette proposition : *Elles se sont estimé,*

1°. Ne signifie pas : *Elles sont estimées*, car le pronom *se* serait inutile.

2°. Elle ne signifie pas non plus : *Elles ont elles estimées;* ce qui n'exprime pas la réciprocité.

3°. Cette phrase signifie donc : *Elles ont estimé elles*, *elles s'estimèrent réciproquement.* Le participe est pris activement; or, le participe actif ne s'accorde jamais avec son régime, il n'y a que le participe passif qui s'accorde.

On écrira donc :

Elles se sont repenti, elles se repentirent.
Les cordes de cette guitare se sont cassé. (*)
Ces marchandises se sont bien vendu.

Ces choses, *par prosopopée*, sont alors personnifiées; le verbe *être* est ici pour le verbe *avoir;* le participe ne s'accorde donc pas avec le sujet, comme le dit Letellier; il ne s'accorde pas non plus avec *son régime,* comme disent les autres grammairiens, autrement il serait adjectif; et certes, *ce n'est pas l'adjectif qui gouverne le nom ou pronom auquel il se rapporte.*

Ce n'est donc pas ma faute s'il n'y a point d'accord. Pourquoi personnifiez-vous ces choses? Si vous voulez qu'il y ait accord, pourquoi ne dites-vous pas : Ces marchandises sont bien vendues, ces cordes sont cassées?

(*) *Se sont cassé* est passif, disent-ils, parce que les cordes ne se cassent pas. — Est-ce que *elles se cassèrent* est passif aussi ?

Voilà le raisonnement, le coup de massue, sous lequel les grammairiens ne se relèveront pas.

V.

Enfin, quelques-uns soutiennent que *le participe passé est essentiellement passif.* Voilà pourquoi, disent-ils, il s'accorde.

1re **Réponse.** Si vous le prenez passivement, vous devez le faire accorder; mais vous ne pouvez pas nous empêcher de le prendre activement avec tous les grammairiens, et de ne point le faire accorder.

2e **Réponse.** Mais le participe passé est-il réellement toujours passif, de sorte qu'il ne soit jamais actif, qu'il n'exprime jamais l'action, qu'il n'ait jamais de régime direct? C'est une autre question. Ainsi dans, *j'ai écrit une lettre*, l'action vient-elle de *ai* ou de *écrit?* En un mot, le participe *écrit* est-il *actif?* L'Académie française dit *oui*, quelques auteurs disent *non*. Voyons les deux opinions.

SYSTÈME DES ACTIVISTES.

Le participe passé n'est pas essentiellement passif.

On confond, le participe passé est essentiellement passé, mais il n'est pas essentiellement passif; il est passif dans les verbes passifs, et il est actif dans les verbes actifs; s'il était essentiellement passif, il ne serait point participe, D'ailleurs, les verbes neutres conjugués avec *avoir* n'ayant point de passif, leur participe ne peut être passif.

Le participe passé avec *avoir*, signifiant *posséder*, est *passif.*

Exemple : *Les livres que j'ai, rangés dans ma bibliothèque; la lettre que je possède écrite.* Mais ces phrases ne sont pas correctes, et il faut en avertir, et séparer le verbe *avoir* du participe par un repos.

Le participe passé avec *avoir auxiliaire* est *actif*, parce qu'il a un verbe auxiliaire, *auxilium*, c'est-à-dire qui n'aide qu'à conjuguer, et le participe conserve sa nature de verbe et exprime l'action; parce qu'il est placé dans le verbe actif, parce qu'il a un régime direct, et parce que généralement il est dit actif. — Le nier c'est se mettre en contradiction 1°. avec l'usage; 2°. avec la grammaire; 3°. avec l'Académie; 4°. avec le sens commun; 5°. avec notre volonté d'exprimer l'action.

1°. *Avec l'usage.* Interrogez, chacun vous répondra qu'il a intention d'exprimer l'action. — On avoue que nous avons toujours l'intention d'exprimer l'action, mais que les mots ne l'expriment pas. — Les mots signifient ce que l'usage leur fait signifier.

2°. *Avec tous les grammairiens qui font le régime, régime du participe.*

Noël, Chapsal, Lhomond, Poitevin, Bernard Julien, nos nouveaux grammairiens, tous disent que le participe, accompagné de l'auxiliaire *avoir*, s'accorde avec son régime direct... donc il est actif, puisque s'il était passif, il n'aurait pas de régime direct.

Restaut dit : « *Alexandre a vaincu Darius. Darius* est le » régime du verbe *a vaincu* qui exprime cette action... Ces » participes cessent d'avoir la signification passive... Mais ils » sont déterminés à avoir une signification active par la » jonction de l'auxiliaire *avoir*... en sorte que *j'ai vaincu* pour- » rait être regardé comme *un seul mot*, dont l'emploi est de » signifier l'action du verbe au passé, comme *je vaincrai* la » signifie au futur.

» Il en est de même des verbes réfléchis. »

Il a monté un cheval; monté exprime une action, et l'on ne peut s'y tromper puisque cette action a un objet, cheval, dit Condillac, Cours d'étude.

Bonneau et Lucan disent qu'un verbe actif conjugué avec *avoir* reste toujours actif; pas d'exception.

3°. L'*Académie*, dans son dernier dictionnaire, dit que ce participe est actif. Que veut-on de plus ?

En effet, *j'ai écrit*, n'est-il pas le verbe *écrire* au passé ?

4°. *Avec le sens commun. J'ai mangé une pomme*, signifie : J'ai fait l'action de manger une pomme; cette phrase ne signifie pas : *J'ai une pomme mangée*, autrement on ne dirait pas : *J'ai mangé une pomme*, mais on dirait : *J'ai une pomme mangée*, et le prétérit indéfini serait inutile; de même on dirait : *La pomme mangée que j'ai.* — Pour voir tout le ridicule de cette manière de parler, il n'y a qu'à remplacer le verbe *avoir* par *posséder.*

5°. *Avec notre volonté d'exprimer le sens actif.* Nous voulons, avec tout le monde, lui donner la signification active. *Sic volo, sic jubeo.*

Notre passé indéfini n'aurait pas cette signification qu'il faudrait la lui donner.

Mais il l'a, nous traduisons *j'ai aimé* par *amavi*, et non par *habeo amatum*. Or, *amavi* a une signification active, donc aussi *j'ai aimé*.

SYSTÈME DES PASSIVISTES.

« Presque tous nos grammairiens, depuis la renaissance » jusqu'à nos jours, dit-on, raisonnent comme si le participe » passé était *actif* dans nos verbes *actifs*; ouvrez leurs grammaires, grosses ou petites, leurs méthodes raisonnées ou » pratiques, leurs traités spéciaux ou universels, leurs théories philosophiques ou leurs principes élémentaires, etc., » vous y verrez partout qu'en règle générale, le participe est » considéré comme *actif* dans les temps de nos *verbes actifs* » conjugués à l'aide de l'*auxiliaire avoir*, et même dans » ceux de nos verbes réfléchis conjugués avec l'auxiliaire » *être* employé pour *avoir*; c'est à ce titre qu'il prend place » à l'infinitif de la voix active après le participe présent. »

— Après cet aveu, tout n'est-il pas fini ?

Cependant on poursuit et l'on dit que la langue française n'a pas plus de participe passé actif, dans les verbes transitifs, que n'en avait dans les mêmes verbes, la langue latine dont elle dérive.

Ici l'erreur vient de ce que l'on compare notre langue, qui a des temps composés actifs avec une langue qui n'en a point; et de ce que la langue latine n'en a point, on conclut que la nôtre ne doit pas en avoir. Que dis-je, *n'en a point?* elle en a dans ses verbes déponents. — Exemple : *Locutus sum, etc.*

« Le verbe *avoir*, continue-t-on, que l'on nous donne pour » auxiliaire n'a pas réellement ce caractère; nous ressemblons assez sur ce point, comme sur bien d'autres, à ce » bon bourgeois de Molière qui, depuis quarante ans, faisait » de la prose sans le savoir. » — Ce qui veut dire que nous » rêvons.

» Les écrivains du grand siècle interprétaient les temps » composés en ce sens : *J'ai, je tiens*, ou *je possède cela pour* » *écrit par moi, pour entrepris par moi, pour ouvert par moi*, » *à savoir cette lettre, cette affaire, cette porte.* »

Comment se fait-il qu'on a dit le contraire plus haut? Il est évident que les écrivains du siècle de Louis XIV prirent activement le participe passé, *même lorsqu'il est précédé du régime*, puisqu'ils disent que *le participe passé s'accorde avec son régime direct*, quand ce régime précède le participe. S'il a un régime direct, c'est qu'il est actif.

« N'en déplaise, continue-t-on, à nos grammairiens passés, » présents et futurs, la langue française n'a pas plus de parti- » cipe passé actif, dans ses verbes transitifs, ou actifs, que » n'en avait dans les mêmes verbes la langue latine dont elle » est dérivée; il faut rayer ce participe du mode infinitif, à la » voix active, et le laisser, comme l'avaient fait les Romains, » à sa vraie place, à l'infinitif de la conjugaison passive, si » tant est que le français possède réellement une conjugaison » passive; le verbe *avoir*, que l'on nous donne pour auxi- » liaire dans nos temps composés, n'a pas réellement ce ca- » ractère, il demeure verbe principal, mais modifié dans » son acception primitive, par celle du participe passif qui » s'y joint; c'est toujours le verbe *avoir*, *posséder*, *tenir*, » mais avec un sens plus large, plus élastique, plus vague » que quand il est employé seul, et le participe qui le suit, » loin d'avoir un régime direct, est lui-même en fonction » de régime à titre *d'adjectif verbal*. »

Comme on voit, ce système est tiré de quelque auteur enseveli dans la poussière.

On cite beaucoup de textes des premiers siècles, où la langue n'était pas correcte, et où le participe est pris *passivement*, il faudrait aussi, comme Ménage fait, qu'on citât ceux où il est pris *activement*, pour les comparer, et quand on prouverait qu'autrefois on le prenait passivement, cela ne prouverait rien, puisqu'on avoue que maintenant presque tous les grammairiens le prennent activement.

On ne veut pas que nous attachions à nos temps composés le sens actif, parce qu'il y a deux mots. — Qu'est-ce que cela fait? Quoi qu'il en soit, ce sens n'y est pas moins attaché. — Vous avez beau faire, disait Galilée, la terre n'en tourne pas moins.

Enfin, on conclut : « Votre commission ne saurait adhérer » aux opinions de M. Mallet. 1°. Il veut que le participe passé

» soit actif avec le verbe *avoir*, quand on exprime l'action, » et passif, quand on exprime l'état. »

— Ce qui est irréfutable.

« Et la commission pense qu'avec ce verbe, il reste passif » dans le premier cas comme dans le second. »

— La commission n'a pas raison.

2°. « Il veut que le complément direct auquel se rapporte » le participe passé soit son régime. »

— Nous disons que quand le participe passé est pris *passivement*, le régime est alors régime du verbe *avoir*, mais quand il est pris *activement*, comme nous, tous les grammairiens le font régime du participe.

3°. « Enfin, il veut que ce participe ne s'accorde pas plus » avec le régime qui le précède, qu'avec le régime qui le » suit. »

— Oui, quand il est pris activement, et il ne peut en être autrement, mais quand il est pris passivement, nous voulons qu'il s'accorde, et même quand le régime est après, comme quand il est avant, pour ne pas être inconséquent.

« Et la commission pense que la double règle de l'accord » et du non-accord doit être maintenue. »

— La commission a tort; elle n'est pas conséquente avec elle-même.

RÉSUMÉ.

Le participe passé, dans nos verbes actifs, est-il toujours passif? — Non.

Est-il tantôt actif, tantôt passif dans nos verbes actifs, c'est-à-dire passif quand le régime précède, et actif quand le régime suit? — Non. J'ai mangé une pomme, je l'ai mangé, sont évidemment la même chose.

Est-il toujours actif, dans nos verbes actifs. — Oui.

Mais ne peut-on pas donner au verbe *avoir* la signification de *posséder*, et rendre le participe passé passif?

— Puisqu'on le fait, on peut le faire, mais alors ce n'est plus un verbe actif; il faudrait le mettre aux verbes passifs, et la signification est changée; on n'exprime plus l'action, mais l'état, ce n'est plus la même chose; cette manière de parler n'est pas aussi régulière, c'est une licence, ou une inadvertance du sens actif, ou un purisme digne des Précieuses ridicules, souvent il y a des phrases qui n'ont pas le sens commun. — EXEMPLE : *Nous les lui avons donnés. Je me suis assise sur l'herbe*, disait une demoiselle sortant de pension.

Que conclure de là ?

Qu'il vaudrait mieux ne pas faire accorder le participe, et qu'on ne peut pas taxer de faute, ceux qui ne le font point accorder.

Ainsi, pour couper court à toute discussion, voulez-vous savoir s'il faut accorder ou non le participe ? Remplacez-le par son correspondant.

Ainsi, *la lettre que j'ai écrit.* Voulez-vous dire : *La lettre que j'ai fait l'action d'écrire ?* Vous ne pouvez pas le faire accorder. Voulez-vous dire : *La lettre que je possède écrite ?* Vous devez l'accorder.

Les passivistes n'ont pas la conscience ni le courage de leurs principes. Ils ne sont pas conséquents, ils accordent et n'accordent pas la même chose. Qu'ils disent donc : *La lettre que je possède écrite ; la pomme que je possède mangée ; je possède monté un cheval ; je possède ouverte une porte ; je possède dîné ; je possède couru, etc.* Nous, nous osons dire : *J'ai fait l'action de dîner, d'écrire, de monter, de courir, etc.* Qu'ils mettent ce participe dans les verbes passifs, alors nous n'aurons plus de prétérit ou passé indéfini actif. En attendant que tout cela soit, et tant que nous voudrons lui donner le sens actif, il faudra bien en passer par le non-accord.

Jeunes élèves, vous ne le ferez pas accorder, et vous ferez preuve de bon sens.

Les Académies nous approuveront.

Cet oracle est plus sûr que celui de Calchas.

Honneur aux Ecclésiastiques (*) qui ont pris l'initiative de cette réforme. C'est un démenti donné à ceux qui accusent le clergé d'obscurantisme.

(*) Et en particulier à M. Fevez, curé de Bovelles.

Approbation des Savants consultés.

1°. Cette thèse est irréfutable.

2°. Cette proposition est parfaitement logique; il n'y a point de raison pour appuyer cette règle, il n'y a que l'usage, et un usage illogique.

3°. Il est fâcheux qu'on ait introduit cette règle.

4°. M. l'Abbé, vous avez raison, pour l'honneur de la langue française, nous vous soutiendrons envers et contre tous.

5°. On voit dans certaines langues le verbe s'accorder avec son sujet, mais avec son régime, c'est une chose absurde; lequel des deux serait alors régime ?

6°. Il y a bien d'autres sottises qu'ils nous font admettre; par exemple : *C'est vous, c'est nous, ce sont eux.*

7°. Un usage inexplicable s'est introduit, et les grammairiens cherchent à expliquer ce qui est inexplicable.

Note A.

Nous sommes heureux, dans la thèse que nous défendons, de nous être rencontré avec Regnier-Desmarais, qui a été pendant quarante ans secrétaire de l'Académie Française. Voici ce qu'il dit :

« Je ne m'arrêterai point à redire ce que Ménage a dit dans ses » observations, pour faire voir, par des exemples tirés de divers au- » teurs du temps de François Ier, qu'autrefois on aurait dit : *les lettres* » *que j'ai reçu*, et qu'ordinairement on faisait le participe indécli- » nable, sans se mettre en peine de le construire en genre et en » nombre avec le substantif précédent. Mais laissant là l'usage des » temps passés, il y a plusieurs distinctions à faire. Ce que dit Vau- » gelas, que cette phrase : *la lettre que j'ai reçue*, et toutes les » autres semblables sont passées en règle de grammaire, n'est pas » peut-être une chose si établie qu'il le prétend, et je doute fort » que ce soit un solécisme que de rendre les participes du prétérit » toujours indéclinables, soit qu'ils soient précédés, soit qu'ils soient » suivis du substantif qu'ils régissent. Il est vrai que l'usage est de » le faire accorder, mais cet usage n'est pas si universel que le con- » traire n'ait été suivi par de très-bons écrivains, et que ce soit pé- » cher contre la grammaire de faire alors le participe indéclinable, » de même qu'il l'est quand il précède le terme de son régime. Amiot, » Racine en donnent des exemples.

» Les Italiens, qui pour l'ordinaire accordent le participe en genre » et en nombre, non-seulement avec le substantif qui précède, mais » aussi avec le substantif qui suit, ne laissent pas de l'employer aussi » quelquefois comme indéclinable, même après un substantif ou » pluriel ou féminin.

» Pour les Espagnols, ils n'emploient jamais avec le verbe *haver*, » aucun participe que comme indéclinable, et ils ne disent jamais, » par exemple : *las cartas que he recebidas*; mais seulement : *las* » *cartas que he recebido*. Il est vrai que quand au lieu de joindre le » participe avec le verbe *haver*, ils le joignent avec le verbe *tener*, » alors ils l'accordent toujours avec le substantif auquel il se rap- » porte, soit que ce substantif précède, soit qu'il suive ; ainsi, non- » seulement ils diront : *las cartas que tengo recebidas*, mais ils diront » aussi : *tengo recebidas algunas cartas*; et par l'usage différent qu'ils

» font de ces deux verbes, ils ont le moyen de distinguer des » choses que souvent nous sommes obligés de confondre en fran» çais. Par exemple, en parlant de quelques livres, de quelques » papiers, si je dis que je les ai *rangés* par ordre dans mon cabinet, » je laisse en doute si c'est moi qui ai pris le soin de les ranger, ou » si je veux dire seulement que je les ai, et qu'ils y sont rangés par » ordre ; et je ne fais aucune distinction entre l'action de la personne » et l'état de la chose. Mais on la fait en espagnol, en marquant » l'action par dire : *los he puesto in orden*, et l'état en disant : *los* » *tengo puestas*. Pour moi, afin d'éviter cette confusion, je croirais » qu'on pourrait marquer *l'action* de la personne en faisant le par» ticipe indéclinable, et disant : je les ai *rangé* par ordre dans mon » cabinet ; et marquer *l'état* de la chose en accordant le participe et » disant : je les ai *rangés* par ordre ; ce qui est comme si l'on disait : » je les ai et ils sont rangés par ordre.

» Ces distinctions ne laissent pas d'être fondées, et j'avoue qu'à » l'égard de la phrase rapportée par Vaugelas, *les lettres que j'ai* » *reçues*, et à l'égard de toutes les autres de même nature, je ne croi» rais nullement qu'on fît une faute contre la langue, de laisser le » participe du prétérit indéclinable, etc., etc. »

Ne semble-t-il pas que nous avons copié Régnier-Desmarais?

TABLE.

Amiens. — Typographie de CARON et LAMBERT, place du Grand-Marché.

www.ingramcontent.com/pod-product-compliance
Ingram Content Group UK Ltd.
Pitfield, Milton Keynes, MK11 3LW, UK
UKHW032035260826
14628UKWH00006B/2964

9 782014 456684